Haïkus fleuris de Haute-Provence

Du Couvent des Minimes aux jardins de Salagon

Haïkus fleuris de Haute-Provence

Nicolas Mougin

© 2024 Nicolas Mougin

Édition : BoD – Books on Demand, info@bod.fr
Impression : BoD – Books on Demand, In de Tarpen 42, Norderstedt (Allemagne)

Impression à la demande

ISBN : 978-2- 3225-1998-9
Dépôt légal : Janvier 2024

C'est au détour d'un séjour romanesque au cœur des Alpes de Haute-Provence, qu'est née l'inspiration de ces textes inédits.

Dans la commune de Mane, à l'aube d'un automne à la chaleur bienveillante, je me suis plongé dans un écrin de verdure littéralement divin, puisqu'il s'agit du Couvent des Minimes, établissement hôtelier exceptionnel, qui venait à peine de rouvrir ses portes après des années de travaux. La sérénité de ces lieux datant du XVIIe siècle m'a littéralement transporté. Entre ces murs aux histoires séculaires, à imaginer le travail monastique des résidents érudits, les mots sont apparus, presque par enchantement.

Et comme si l'endroit ne se suffisait pas à lui-même, mes balades m'ont porté vers le prieuré de Salagon, liaison évidente en vue de poursuivre mon parcours initiatique, verdoyant et coloré. Une bénédiction olfactive et visuelle, dont voici la traduction écrite, sous forme de Haïkus.

Je partage avec vous ce délicat sentiment de plénitude, en vous invitant à humer le doux parfum de ces jardins extraordinaires, à imaginer ces moines ermites, emplis de spiritualité, privilégiant le dépouillement.

Aujourd'hui, le secret du véritable luxe, c'est bien la sérénité, le calme, le silence.

Le musée de Salagon est un musée départemental situé à Mane, commune des Alpes de Haute-Provence. Il comprend un prieuré d'époque Renaissance, une élise romane, l'ensemble étant entouré par six hectares de jardins.

Bourgeons au réveil
Lavande sous la neige
Promesses de juin

Printemps éclatant

Champs de violet dansent

Abeilles folâtrent

Eté brûlant, bleu
Lavande effervescente
Chant des cigales

Automne doux s'installe

Les dernières fleurs s'inclinent

Brise emporte leur parfum

Hiver silencieux

Champs vides, la lavande dort

Rêves de soleil

Chaleur estivale
Lavande en robe violette
Coucher de soleil

Pluies d'automne caressent

Feuilles dorées s'envolent

Lavande au repos

Neige pure descend

Manteau blanc sur les collines

Lavande endormie

Cycle infini

Lavande danse avec le temps

Saison de poésie

Mane, terre de paix
Lavande sous le mistral
Parfum à l'horizon

Abeilles butinent

Mane murmure en violet

Harmonie des champs

Couvent solennel
Mane, refuge des âmes
Silence s'écoule

Cloître, pierres beiges

Les Minimes en prière

Mane, hymne des dieux

Jardins en méditation
Mane, écrin de sérénité
Le couvent respire

Vieux murs et secrets

Les minimes murmurent

Mane, mémoire sacrée

Chants et prières
Les voix résonnent encore
Mane, écho divin

Soleil sur les toits
Mane, lumière spirituelle
Couvent du silence

Cloches dans le vent
Manne appelle à la prière
Les Minimes écoutent

Lavande en éclats

Romarin sous le soleil

Prieuré en couleurs

Sauge senteur sage

Thym effleure l'air léger

Salagon respire

Rosée sur la menthe
Les jardins s'éveillent
Eté matinal

Basilic en feu

Romarin et thym mêlés

Salagon gourmand

Printemps en cuisine

Printemps épicé

Printemps nourricier

Arôme persistant
Piquant et éphémère
Sensation enivrante

Notes de tête

Jardin extraordinaire

Iris des jardins

Patchouli feuillu

Les jardins du prieuré

Idylle médiévale

Feuilles orangées
Invitation aux senteurs
Odeur épicée

Haute Provence

Les carrés médicinaux

Landes de terre

Boutons odorants

Angélique herbacée

De la Durance

Au fond du jardin

Le badasson qui guérit

Herbes qui soignent

Sous les oliviers
Artémise provencale
Médicinale

Sentir les roses

Jardin des temps modernes

Plaines de la Mane

Plante des fièvres

Mandragore des sorcières

Le jardin de la Noria

Amandier persan

Abondance de senteurs

Parfum savoureux

Jardin médiéval

Anonymes des fossés

Vertes pelouses

Pois carrés pas ronds

Verveine officinale

Faséoles d'antan

Huile d'olives

Onction des rois de France

Jardin d'histoire

Bourrache cachée

Ephémères abeilles

Flore des talus

Chervis délicat

Tendres pousses

Plante qui nourrit les hommes

Vertes pâtures

Rosée caresse les feuilles

Senteurs du soleil

Camomille douce

Infusion apaisante

Sommeil au printemps

Millepertuis d'or
Qui répare les tourments
Soleil intérieur

Poivres du monde
Feu qui embrase le goût
Soleil gustatif